BAN ET ARRIÈRE-BAN.

ROLE DES GENTILSHOMMES

En état de servir pour l'année 1695

DOCUMENT INÉDIT

Communiqué à la Société des Antiquaires de Picardie

Par le Cte LE CLERC DE BUSSY

Membre titulaire non-résidant de cette Société, et aussi membre de la
Société des Études Historiques, de la Société d'Émulation d'Abbeville et d'autres Sociétés savantes.

AMIENS,

Imprimerie ÉMILE GLORIEUX et Cie, rue du Logis-du-Roi, 18.

1875.

(Extrait du Bulletin de la Société des Antiquaires de Picardie.
Année 1874. — Nᵒ 4.

GENTILSHOMMES EN ÉTAT DE SERVIR EN 1695

Le Rôle des Gentilshommes de la sénéchaussée de Ponthieu en état de servir en 1695, dont je donne ici une copie, appartient à mon ami, M. le Vte Adrien de Louvencourt, de Seux. Il est sur papier, manuscrit, de l'écriture du temps. Etabli d'abord pour faire connaître les noms desdits gentilshommes, il porte la mention, faite ensuite, de ceux qui ont été *nommés* pour servir en 1695, dans l'arrière ban convoqué alors par le Roi, comme il l'avait été déjà en 1689, 1690, 1691, 1692, 1693 et 1694, et le fut encore deux ans plus tard, pour la dernière fois par Louis XIV, en 1697.

Cet État porte quelques ratures et surcharges ; j'ai restitué dans ma copie le texte primitif, partout ou cela était nécessaire, pour présenter le plus exactement possible d'après le manuscrit, le Rôle des Gentilshommes ayant été en état de servir en 1695. J'ai indiqué entre parenthèses ceux *nommés en ladite année*.

Il ne faut pas espérer trouver dans les documents de ce genre les noms de tous les Gentilshommes et des *seuls* Gentilshommes d'un bailliage ou d'une sénéchaussée ; il est toujours nécessaire de se rappeler *notamment* : 1° Que tous les possesseurs de fiefs nobles, qu'ils appartinssent ou non au corps de la noblesse, devaient, en raison de leurs fiefs, le service du ban et de l'arrière-ban ; 2° que lesdits possesseurs de biens nobles en étaient exempts lorsqu'ils habitaient certaines villes privilégiées, comme Abbeville et Amiens; 3° que les noms de ceux qui servaient déjà dans l'armée permanente n'y figurent pas toujours.

Dans le cas présent aussi, il ne faut pas oublier que la plupart des fiefs situés dans le Ponthieu étaient *en bailliage d'Amiens*, et que, par conséquent, leurs possesseurs ne peuvent pas être portés dans le rôle de la *sénéchaussée*; je citerai seulement comme exemple la châtellenie de St. Valery et les nombreux fiefs et seigneuries qui en relevaient.

———

Le sieur Jacomel, seigneur de Froyelle, demeurant à Froyelle.

A esté nommé les années 1692 et 1693, pour servir de son chef, et les années précédentes pour le sieur de Froyelle, son père. (Nommé en 1695.)

Le sieur Charles Danzel, seigneur de Lignière, demeurant à Aigneville.

A esté nommé les années 1689, 1690, 1691 et 1692.

Le sieur Charles Dault, seigneur Dumesnil; demeurant au Maisnil.

A esté nommé les années 1689, 1690, 1691, 1692 et 1694.

Le sieur Guillaume du Hamel, seigneur de Canchy, demeurant à Canchy.

A esté nommé les années 1689, 1690, 1692 et 1694.

Le nom du sieur de Canchy a été rayé pour le motif suivant mentionné en marge : dans les gardes de M. le duc d'Aumont.

Le sieur Charles Le Roy, seigneur de Camelun, demeurant à Canchy.

N'a pas encore esté nommé.

Rayé, avec la mention : major du régiment de Bellefourière.

Le sieur Oudart du Hamel, seigneur dudit lieu et d'Yvren, demeurant à Yvren.

A esté nommé les années 1689, 1690, 1691 et 1692.

Le sieur Jean Lesperon, seigneur de Haudrechie et de Hochencourt.

A esté nommé en 1689, 1890, 1691, 1692 et 1693. (Nommé en 1695.)

Le sieur de Boubert, escuier, sieur de Miannay.

A esté nommé en 1693 (et 1695.)

Le sieur François Le Roy, seigneur de Bezencourt.

A esté nommé ez années 1691, 1692 et 1693 (et 1695.)

Rayé.

Le sieur (1) comte de Senarpont, demeurant à Senarpont.

A esté nommé en l'année 1693, ayant servi le roy jusqu'à présent. (Nommé en 1695.)

Le sieur de Belleville.

A esté nommé l'année 1693.

Rayé, avec la mention : déchargé, attendu l'exemption de la cour.

Le sieur Michel Mannessier, sieur de Maison, demeurant à Guibermaisnil.

A esté nommé ez années 1689, 1690, 1691 et 1693.

Le sieur Jacques Bernard, sieur de Famechon.

A esté nommé les années 1689, 1690, 1691, 1692 et 1694.

(1) De Monchy.

Le sieur Réne Claude de Blin, seigneur de Courcelles, demeurant à Tircourt,

A esté nommé les années 1689, 1690, 1691 et 1693.

Le sieur François Desmailleville, sieur de Vimont, demeurant au Petit montplaisir.

A esté nommé ez années 1689, 1690 et 1692.

Le sieur David Daigneville, seigneur de Halloy, demeurant à Andainville.

A esté nommé ez années 1689, 1690, 1691 et 1693.

Oudart Beaurain, escuier, seigneur de Rœuil, demeurant à Andainville.

A esté nommé en 1692 et 1694 (et 1695.)

Le sieur Louis Le Roy, seigneur de Valaines (1).

A esté nommè les années 1689, 1690, 1691, 1692 et 1693.

Le sieur François Léonore Du Four, seigneur de Thubeauville.

A esté nommé les années 1689, 1690, 1691, et 1693.

Le sieur André de Saint Suply, seigneur de Crocquoison.

A esté nommé les années 1689, 1691, 1692 et 1693 (et 1695.)

Rayé, avec la mention : son fils dans le service.

Le sieur Pierre Gallet, seigneur de Nœuilly.

A esté nommé les années 1689, 1690, 1691 et 1694.

Le sieur Damerval, seigneur de Fresne.

A esté nommé en 1692, 1693 et 1694 (et 1695.)

(1) Valines, fief sis au Titre.

Le sieur Jean Gaude, seigneur de Martaigneville.

A esté nommé ez années 1689, 1690, 1691 et 1694.

Le sieur Jean Lamiré, seigneur de Caumont.

A esté nommé avec liberté de commettre ez années 1689, 1690 et 1692 (et 1695.)

Rayé, avec la mention : son fils dans le service.

Le sieur Philippes Mannessier, seigneur Dauxy.

A esté nommé avec liberté de commettre ez années 1689, 1690, 1691 et 1693 (et 1695.)

Rayé, avec la mention : son fils dans le service.

Le sieur Matissart (1), seigneur de Lasalle.

A esté nommé ez années 1689, 1690, 1692 et 1693.

Le sieur Le Roy de Pottonville.

A esté nommé en 1693 (et 1695.)

Le sieur (2) chevalier de Larrest, demeurant à Larrest.

A esté nommé en 1691, 1692 et 1693.

Le sieur Pierre Le Vasseur, seigneur de Nœuilly, demeurant à Hoqueleu.

A esté nommé ez années 1689, 1690, 1691, 1693 et 1694.

Rayé, avec la note : bailliage d'Amiens.

Le sieur Dominique François de La Rocque, seigneur de Roberval, demeurant à Grebault.

A esté nommé ez années 1689, 1690, 1691, 1692 et 1694.

(1) Matiffas.
(2) De Lamiré.

Le sieur Haluin de Souteauville.

A esté nommé les années 1689, 1690, 1691 et 1694.

Le sieur Nicolas Danzel Daucourt, demeurant à Hoqueleu.

A esté nommé les années 1689 et 1690.

Le sieur Claude Tillette, seigneur Doffinicourt.

A esté nommé ez années 1689, 1690, 1691 et 1692 (et 1695)

Le sieur (1) de Beaulieu, demeurant à Hoqueleu.

A esté nommé ez années 1689, 1690 (et 1695.)

Le sieur Pierre Paul de Riencourt, seigneur d'Harleu.

A esté nommé ez années 1690, 1692 et 1694.

Le sieur (2) de Boimont, demeurant à Aigneville.

A esté nommé ez années 1690, 1691, 1692 et 1694.

Le sieur de la Fontaine (3) Es^{er} s^r de Cormont, dem^t à Abbeville.

A esté nommé en 1693 (et 1695.)

Rayé, avec la mention : exempt par commission de la cour.

Le sieur Charles Destailleur, seigneur de Chanterine.

A esté nommé ez années 1690, 1691, 1692 (et 1695.)

Le sieur Michel Lemasson, seigneur de Montplaisir.

A esté nommé en 1690, 1692 et 1693.

Rayé.

(1) Danzel.
(2) id.
(3) De Fontaines.

Le sieur François de Doncœur, seigneur de Ponthoille

A esté nommé en 1690, 1692, 1693, 1694 (et 1695.)

Le sieur Pierre Dumaisniel, seigneur Despaumesnil.

A esté nommé en 1690 et 1692.

Le sieur Ternisien de Fresnoy.

A esté nommé en 1691, 1693 et 1694.

Le sieur Jean Carpentin, seigneur de Hanchy.

A esté nommé en 1691, 1692, 1693 et 1694.

Le sieur Marquis de Caumesnil.

N'a pas encore esté nommé, n'estant pas en état de servir pour son grand aage.

Rayé.

Le sieur (1) marquis de Fontenille.

A esté nommé en 1692 (et 1695.)

Le sieur de Campaigne de Cottebrune.

A esté nommé en 1691, 1693 et 1694.

Rayé, avec la mention : décédé.

Le sieur François de Rambure, seigneur de Haudrecoustre.

N'a pas encore esté nommé. (Nommé en 1695)

Rayé, avec la mention : décédé.

Le sieur Dumaisniel de Hantecourt.

N'a pas encore esté nommé.

(1) De Rambures.

Le sieur (1) de Cornehotte, dem^t à Brailly.

A esté nommé en 1692, 1693 et 1694.

Le sieur (2) de Lignière, demeurant à Faveille.

A esté nommé en 1693 (et 1695.)

Le sieur Charles Danzel, escuier, sieur du Riaquet.

A esté nommé en 1693, 1694 (et 1695.)

Le sieur Leroy Dhaboval.

N'a pas encore esté nommé. (Nommé en 1695.)

Le sieur de Calonne, escuier, sieur de Herre.

A esté nommé en 1692 et 1693.

Charles Desquincourt, escuier, sieur de St Remy, demeurant à Neslette.

A esté nommé en l'année 1692, 1693 et 1694.

Le sieur Comte de Lannoy, demeurant à Lamotte.

N'a pas encore esté nommé.

Rayé, avec la mention : gouverneur de la ville d'Eu.

Pierre Lagrené, escuier, sieur de Lamotte, demeurant à Martaigueville sur mer.

A esté nommé en 1693 et 1694.

Rayé, avec la mention : ne se trouve pas.

Augustin Le Vasseur, escuier, sieur de Courtieux

A esté nommé en 1693 et 1694.

Rayé, avec la mention : son fils dans la garde du roy.

(1) De Buigny.
(2) Danzel.

Le sieur de Montginot, dem' au Crottoy.

A esté nommé en 1693 et 1694.

Le sieur de Belleval de Bois Robin, demeurant à Hoqueleu.

A esté nommé en 1692, 1693 et 1694.

Claude Gedoin, escuier, sieur de Carnetin, demeurant à Buires.

A esté nommé en 1693 et 1694.

Rayé, avec la mention : son fils dans le service.

Le sieur Marquis de Mailly.

N'a pas encore esté nommé.

Rayé.

Le sieur de Calonne, seigneur Desessart, demeurant à Fontaine.

A esté nommé en 1693 et 1694.

Joachim de Belleval, escuier, sieur Daigneville, demeurant à Maisniere.

N'a pas encore esté nommé.

Le sieur Bretel de Bourmouville, demeurant à Hiermont.

N'a pas encore esté nommé. (Nommé en 1695)

Le sieur (1) Dandinville, demeurant à Courtieux.

N'a pas encore esté nommé. (Nommé en 1695.)

Le sieur Dardenthun, demeurant à Hochencourt.

A esté nommé en 1691 (et 1695.)

Rayé.

(1) Le Vasseur.

Le sieur Gaiéret (1) de Rionville, demeurant à Hiermont.

A esté nommé en 1693 (et 1695.)

Rayé, avec la note : ne se trouve pas.

Le sieur du Lion, demeurant à Caumartin.

A esté nommé en 1693 et 1694.

Le sieur Vincent de Hantecourt.

N'a pas esté nommé. (Nommé en 1695.)

Le sieur de Neuville.

N'a pas esté nommé.

Le sieur Marquis de Lisque.

N'a pas esté nommé.

Le sieur Tillette de Buigny, père.

N'a pas esté nommé. (Nommé en 1695.)

Le sieur Tillette de Buigny, fils.

N'a pas esté nommé.

Le sieur Guiraud de Pierpont.

N'a pas esté nommé.

Le sieur Dourlens de Serival.

N'a pas esté nommé. (Nommé en 1695.)

Le sieur (2) de Treconval.

N'a pas esté nommé. (Nommé en 1695.)

(1) Quiéret.
(2) Du Maisniel.

Le sieur (1) de Glissy.

N'a pas esté nommé.

Le sieur de Belloy, demeurant à Froize.

N'a pas esté nommé. (Nommé en 1695.)

Le sieur Denty.

N'a pas esté nommé. (Nommé en 1695.)

Le sieur (2) de Drucat.

A esté nommé en l'année 1694.

Le s^r Dardenthun.

(A esté no^é en 1695.)

Rayé.

Le s^r Chevalier de Belloy.

(A esté no^é en 1695.)

Le s^r Carpentin de le Cour.

A esté nommé en 1694 (et 1695.)

Le s^r de Lansacq.

(A esté no^é en 1695.)

Le s^r Delarue, dem^t à Ouviller.

(A esté no^é en 1695.)

Le s^r de Brusselle.

(A esté no^é en 1695.)

Le s^r Daumalle Divrencheuil.

(A esté no^é en 1695.)

Rayé, avec la note : bailliage d'Amiens.

(1) Louvel.
(2) Beauvarlet, s^r de Drucat, près de Wavans.

Le s^r des Essarts.

»

Le s^r de Riancourt.

»

Le s^r Boucher, s^r de Biencour.

Excusé.

Le s^r ...... de Chanteraine.

»

Le s^r Dujardin de Bernapré.

N'a pas encore esté nommé.

Rayé, avec la mention : dans les troupes boulenoises.

Le s^r Bail de Wacourt.

N'a pas encore esté nommé.

Le s^r de Calonne de Coquerelle.

(Ici s'arrête le manuscrit.)

Amiens. — Imp. Em. GLORIEUX et C°, rue du Logis-du-Roi, 13.